INGLÉS
PARA LA
CIUDADANÍA

INGLÉS PARA LA CIUDADANÍA

Grupo Editorial Tomo, S. A. de C. V.
Nicolás San Juan 1043
03100, México, D. F.

1a. edición, noviembre 2011.

Nicolás San Juan 1043, Col. Del Valle. 03100, México, D.F.
Tels. 5575-6615 • 5575-8701 y 5575-0186
Fax. 5575-6695
http://www.grupotomo.com.mx
ISBN-13: 978-607-415-345-3
Miembro de la Cámara Nacional
de la Industria Editorial No. 2961

Diseño de portada: Karla Silva
Imágenes interiores: Emigdio Guevara, Ricardo Sosa y Kevin Daniels
Diseño tipográfico: Armando Hernández
Supervisor de producción: Leonardo Figueroa

Impreso en México - Printed in Mexico

INTRODUCCIÓN

Presentamos este pequeño libro con 100 preguntas en el área de civismo (historia y geografía) que son parte del examen para aplicar para la ciudadanía americana. Durante la entrevista, se le hacen a la persona aproximadamente diez preguntas tomadas de esta lista de cien. Se deben responder correctamente al menos seis de estas preguntas para aprobar el examen de civismo.

También incluimos una lista de palabras que aparecen en el examen de lectura, dando la pronunciación simulada y el significado.

EXAMEN CIUDADANÍA

Civismo – Civics

A. Principios de la Democracia Estadounidense		**A: Principles of American Democracy**	
1. ¿Cuál es la ley suprema del país?	La Constitución.	**1. What is the supreme law of the land?**	The Constitution.
2. ¿Qué hace la Constitución?	Establece el gobierno. Define el gobierno. Protege los derechos básicos de los estadounidenses.	**2. What does the Constitution do?**	–Sets up the government. –Defines the government. –Protects basic rights of Americans.

3. ¿Qué significa "We the People" en la Cons- titución?	El poder del gobierno viene del pueblo.	**What is the meaning of "We the people" in the Consti- tution?**	Power comes from the people.
3. La idea del auto- gobierno está en las prime- ras tres palabras de la Cons- titución. ¿Cuáles son esas palabras?	Nosotros el pueblo.	**3. The idea of self-go- vernment is in the first three words of the Cons- titution. What are these words?**	We the People.

<table>
<tr><td colspan="2">Con las palabras "Nosotros el pueblo", la Constitución afirma que el pueblo estableció el gobierno. El gobierno trabaja para el pueblo y protege sus derechos. En Estados Unidos, el poder para gobernar viene del pueblo, que es el máximo poder. Esto se conoce como "soberanía popular". El pueblo elige representantes para que hagan las leyes.</td><td colspan="2">With the words "We the People," the Constitution states that the people set up the government. The government works for the people and protects the rights of people. In the United States, the power to govern comes from the people, who are the highest power. This is called "popular sovereignty". The people elect representatives to make laws.</td></tr>
<tr><td>4. ¿Qué es una Enmienda?</td><td>Un cambio en la Constitución. Algo que se agrega a la Constitución.</td><td>4. What is an amendment?</td><td>A change (to the Constitution), an addition (to the Constitution).</td></tr>
</table>

5. ¿Cómo se llaman las primeras diez enmiendas a la Constitución?	Declaración de Derechos.	**5. What do we call the first ten amendments to the Constitution?**	The Bill of Rights.
6. Nombre un derecho o libertad de la Primera Enmienda.	Libertad de expresión. Libertad de culto. Libertad de reunión. Libertad de prensa. Derecho a apelar al gobierno, protestar.	**6. What is one right or freedom from the First Amendment?**	Apeech. Religion. Assembly press. Petition the government.

7. ¿Cuántas enmiendas tiene la Constitución?	Veintisiete (27).	**7. How many amendments does the Constitution have?**	Twenty-seven (27).
Las primeras 10 enmiendas a la Constitución se llaman "la Declaración de Derechos". Se añadieron en 1791. A partir de entonces, se han añadido otras 17 enmiendas. Actualmente, la Constitución tiene 27 enmiendas. La 27 se añadió en 1922. Explica cómo se les paga a los representantes.		The first 10 amendments to the Constitution are called the Bill of Rights. They were added in 1791. Since then, 17 more amendments have been added. The Constitution currently has 27 amendments. The 27th amendment was added in 1992. It explains how senators and representatives are paid.	

8. ¿Qué hizo la Declaración de Independencia?	Respuesta: Anunciar la independencia de los Estados Unidos de Gran Bretaña. Respuesta: Decir que Estados Unidos está libre de Gran Bretaña.	**8. What did the Declaration of Independence do?**	Announced our independence (from Great Britain) - declared our independence (from Great Britain) - said that the United States is free (from Great Britain).

<table>
<tr><td>9. ¿Cuáles son los dos derechos en la Declaración de Independencia?</td><td>Derecho a la vida, derecho a ser libre y derecho a alcanzar la felicidad.</td><td>9. What are two rights in the Declaration of Independence?</td><td>Life liberty, pursuit of happiness.</td></tr>
<tr><td colspan="2">La Declaración de Independencia menciona tres derechos que los Padres de la Patria consideraron naturales e “inalienables”: el derecho a la vida, a la libertad y a alcanzar la felicidad.</td><td colspan="2">The Declaration of Independence lists three rights that the Founding Fathers considered to be natural and “unalienable”. They are the right to life, liberty, and the pursuit of happiness.</td></tr>
</table>

10. ¿Qué significa libertad de religión?	La persona puede practicar la religión que desee o no practicar ninguna.	**10. What is freedom of religion?**	You can practice any religion, or not practice a religion.
11. ¿Qué tipo de sistema económico tiene los Estados Unidos?	Economía capitalista. Mercado libre. Economía de mercado.	**11. What is the economic system in the United States?**	Capitalist economy. Market economy.

El sistema económico de Estados Unidos es el capitalismo. En la economía estadounidense, la mayoría de los negocios son de par-	The economic system of the United States is capitalism. In the American economy, most businesses are privately

ticulares. La competencia y las ganancias motivan los negocios. Los hombres de negocios y consumidores intaractúan en el mercado donde pueden negociarse los precios. Esto se llama economía de mercado.		owned. Competition and profit motivate businesses. Businesses and consumers interact in the marketplace, where prices can be negotiated. This is called market economy.	
12. ¿A qué se refiere el término "Rule of Law"?	- Todos deben respetar (seguir) la ley. Los líderes deben obedecer la ley. El gobierno debe obedecer la ley. Nadie está por encima de la ley.	**12. What is the "rule of law"?**	Everyone must follow the law. Leaders must obey the law. Government must obey the law. No one is above the law.

B: Sistema de Gobierno		B: System of Government	
13. Nombre una rama o parte del gobierno.	El Congreso es la rama Legislativa. El Presidente es la rama Ejecutiva. Los tribunales son la rama Judicial.	**13. Name one branch or part of the government.**	Congress - legislative. President - executive. The courts - judicial.
14. ¿Qué frena a una de las partes del gobierno de asumir todo el control o ser muy poderoso?	Revisiones, chequeos permanentes. Separación de poderes.	**What stops one branch of government from becoming too powerful?**	Checks and balances. Separation of powers.

15. ¿Quién está a cargo de la rama ejecutiva?	El Presidente.	**15. Who is in charge of the executive branch?**	The President.
16. ¿Quién hace las leyes federales?	El Congreso. El Senado y la Cámara de Representantes. La legislatura (Estatal o nacional).	**16. Who makes federal laws?**	Congress. Senate and House (of Representatives), (U.S. or national) legislature.
17. ¿Cuáles son las dos partes del Congreso de los Estados Unidos?	El Senado y la Cámara de Representantes.	**17. What are the two parts of the U.S. Congress?**	The Senate and House (of Representatives).

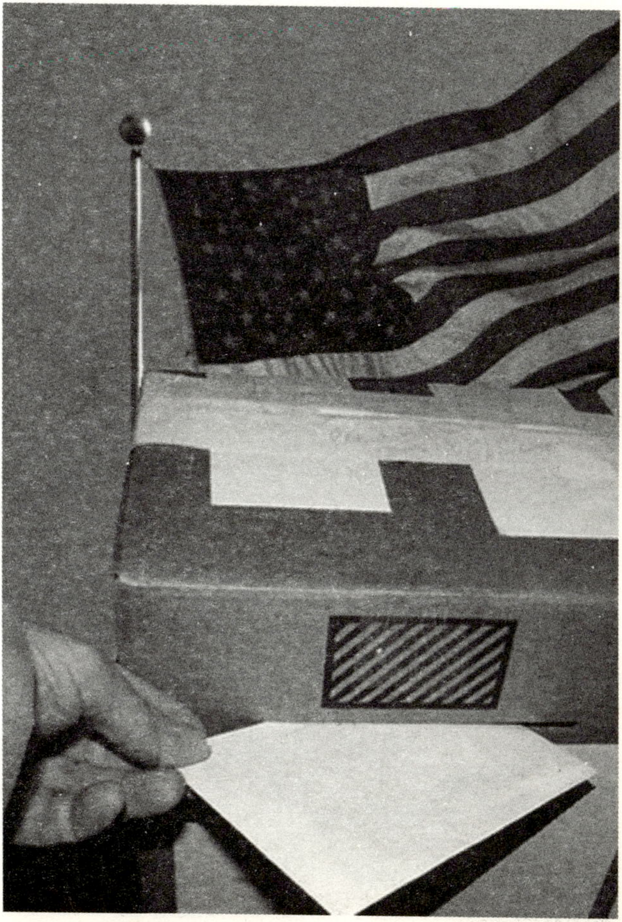

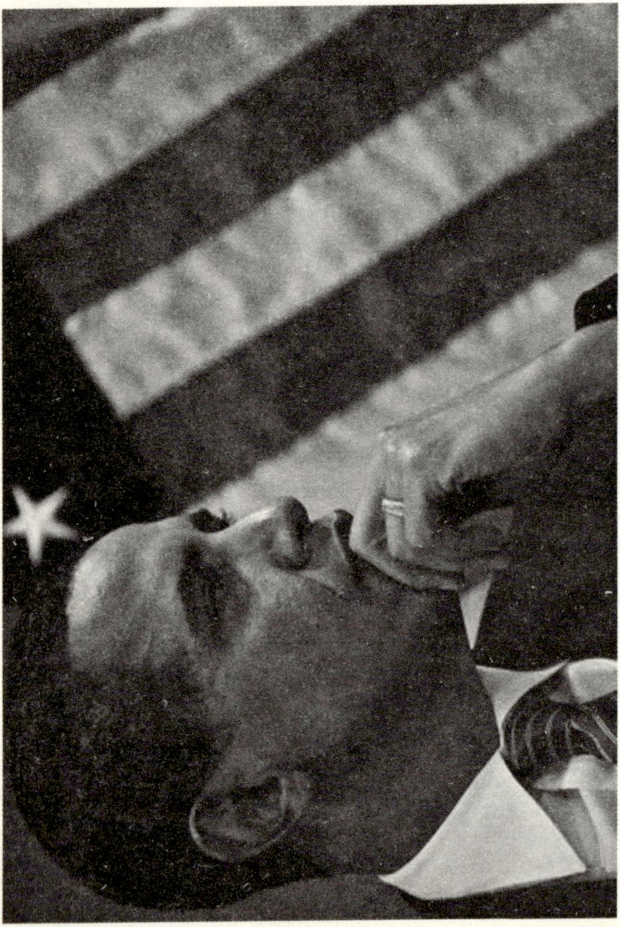

18. ¿Cuántos Senadores integran el Senado de los Estados Unidos?	Cien (100).	**18. How many U.S. Senators are there?**	One hundred (100).
Hay cien senadores en el Congreso, dos de cada estado. Todos los estados tienen el mismo poder en el Senado.		There are 100 senators in Congress, two from each state. All states have equal power in the Senate.	
19. ¿Por cuántos años elegimos a un Senador de los Estados Unidos?	Seis (6).	**19. We elect a U.S. Senator for how many years?**	Six (6).

20. Nombre uno de los Senadores de los Estados Unidos de su Estado?	Las respuestas pueden variar. La respuesta para los residentes del Distrito de Columbia es que DC no tiene Senador. Una lista completa de los Senadores de Estados Unidos aparece en www.senate.gov.	**20. Who is one of your state's U.S. Senators now?**	Answers will vary. [District of Columbia residents and residents of U.S. territories should answer that D.C. (or the territory where the applicant lives) has no U.S. Senators.] For a complete list of U.S. senators and the states they represent, go to www.senate.gov.

21. ¿Cuántos miembros tiene la Casa de Representantes con derecho a voto?	Cuatrocientos treinta y cinco (435).	**21. The House of Representatives has how many voting members?**	Four hundred thirty-five (435).
22. Cada cuántos años elegimos a un Representante de los Estados Unidos?	Dos (2).	**22. We elect a U.S. Representative for how many years?**	Two (2).

23. Nombre a su Representante de los Estados Unidos.	Respuesta: Las respuestas pueden variar. Los residentes de territorios con delegados que no votan o comisionados pueden dar el nombre de su representante o comisionado; también es aceptable que el territorio no cuente con un representante que vote en el Congreso.	**23. Name your U.S. Representative.**	Answers will vary. [Residents of territories with nonvoting Delegates or Resident Commissioners may provide the name of that Delegate or Commissioner. Also acceptable is any statement that the territory has no (voting) Representatives in Congress.] *For a complete list of U.S. representatives and the districts they represent, go to www. house.gov.*

<table>
<tr><td>24. ¿A quién representa un Senador de los Estados Unidos?</td><td>A todos los ciudadanos de su estado.</td><td>24. Who does a U.S. Senator represent?</td><td>All people of the state.</td></tr>
<tr><td colspan="2">Los Senadores son elegidos para servir a su estado durante seis años. Cada uno de los dos senadores representa a todo el estado.</td><td colspan="2">Senators are elected to serve the people of their state for six years. Each of the two senators represents the entire state.</td></tr>
<tr><td>25. ¿Por qué algunos estados tienen más representantes que</td><td>Por la cantidad de población del estado. Porque el distrito que representan</td><td>25. Why do some states have more Representatives than other states?</td><td>(Because of) the state's population (Because) they have more people (Be-</td></tr>
</table>

otros estados?	tiene más habitantes. Porque algunos estados tienen más habitantes que otros.		cause) some states have more people.
26. ¿Por cuántos años elegimos al Presidente?	Cuatro años (4).	**26. We elect a President for how many years?**	Four (4).
27. ¿En qué mes se celebran las elecciones presidenciales?	Noviembre.	**27. In what month do we vote for President?**	November.

28. ¿Quién es el actual Presidente?	Barack Obama.	**28. What is the name of the President of the United States now?**	Barack Obama.
Barack Obama es el 44º presidente de Estados Unidos. Ganó la elección presidencial en 2008 y llegó a ser el primer presidente de Estados Unidos con descendencia africana. Como presidente, es el jefe de la rama ejecutiva. Como comandante en jefe, está a cargo de la milicia. Obama nació en Hawái el 4 de agosto de 1961. Se graduó de la Universidad Columbia en Nueva York.		Barack Obama is the 44th president of the United States. He won the presidential election of 2008 and became the first African American president of the United States. As president, he is the head of the executive branch. As commander in chief, he is also in charge of the military. Obama was born in Hawaii on August 4, 1961. He graduated from	

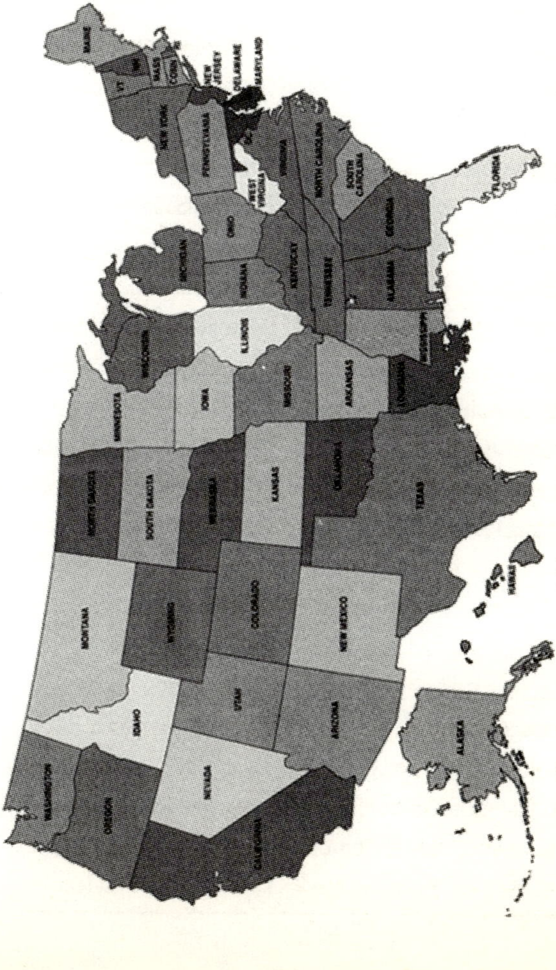
MAINE
VT
NH
MASS
CONN
NEW YORK
NEW JERSEY
DELAWARE
MARYLAND
PENNSYLVANIA
WEST VIRGINIA
VIRGINIA
NORTH CAROLINA
SOUTH CAROLINA
FLORIDA
GEORGIA
ALABAMA
MISSISSIPPI
TENNESSEE
KENTUCKY
OHIO
INDIANA
MICHIGAN
ILLINOIS
WISCONSIN
MINNESOTA
IOWA
MISSOURI
ARKANSAS
LOUISIANA
TEXAS
OKLAHOMA
KANSAS
NEBRASKA
SOUTH DAKOTA
NORTH DAKOTA
MONTANA
WYOMING
COLORADO
NEW MEXICO
ARIZONA
UTAH
IDAHO
NEVADA
WASHINGTON
OREGON
CALIFORNIA
HAWAII
ALASKA

Obama también estudió leyes y se graduó de la Universidad de Harvard en Massachusetts. Fue senador por el estado de Illinois antes de ser elegido presidente.		Columbia University in New York. Obama also studied law and graduated from Harvard University in Massachusetts. He served as a U.S. senator for the state of Illinois before being elected president.	
29. ¿Quién es el Vicepresidente actual?	Vicepresidente actual (desde 2009), Joseph R. Biden.	**29. What is the name of the Vice President of the United States now?**	Joseph R. Biden, Jr. Joe Biden Biden.
Joseph (Joe) R. Biden, Jr. es el 47º vice presidente de Estados Unidos. Biden nació el 20 de noviembre de 1942 en Pensilvania.		Joseph (Joe) R. Biden, Jr. is the 47th vice president of the United States. Biden was born November 20, 1942 in Pennsylvania.	

30. Si el Presidente ya no puede continuar con su servicio, ¿quién toma el cargo?	El Vicepresidente.	**30. If the President can no longer serve, who becomes President?**	The Vice President.
31. ¿Quién se convierte en Presidente si ambos, el Presidente y Vicepresidente, no pueden continuar con su servicio?	El Presidente del Congreso (Speaker of the House).	**31. If both the President and the Vice President can no longer serve, who becomes President?**	The Speaker of the House.

32. ¿Quién es el Comandante en Jefe de la milicia?	El Presidente.	**32. Who is the Commander in Chief of the military?**	The President.
33. ¿Quién firma las propuestas de ley para convertirlas en leyes?	El Presidente.	**33. Who signs bills to become laws?**	The President.
34. ¿Quién veta una propuesta de ley?	El Presidente.	**34. Who vetoes bills?**	The President.

VOTE

35. ¿Qué hace el Gabinete del Presidente?	Aconseja al Presidente.	**35. What does the President's Cabinet do?**	Advises the President.
36. Nombre dos posiciones del Gabinete	Secretario de Agricultura; Secretario de Comercio; Secretario de Defensa; Secretario de Educación; Secretario de Energía; Secretario de Salud y Servicios	**What are two Cabinet-level positions?**	Secretary of Agriculture; Secretary of Commerce; Secretary of Defense; Secretary of Education; Secretary of Energy; Secretary of Health and Human

	Humanos; Secretario de Seguridad Nacional; Secretario de Vivienda y Desarrollo Urbano; Secretario de Estado; Secretario de Transporte; Secretario del Tesoro; Secretario de Asuntos de los Veteranos; Secretario de Justicia; Vicepresidente.		Services; Secretary of Homeland Security; Secretary of Housing and Urban Development; Secretary of the Interior; Secretary of Labor; Secretary of State; Secretary of Transportation; Secretary of the Treasury; Secretary of Veterans Affairs; Attorney General; Vice President.

37. ¿Qué hace la rama judicial?	Revisa y explica las leyes. Resuelve disputas entre dos partes o partidos. Decide si una ley va en contra de la Constitución.	**37. What does the judicial branch do?**	Reviews laws, explains laws. Resolves disputes (disagreements). Decides if a law goes against the Constitution.
38. ¿Cuál es la Corte de mayor jerarquía o más alta en Estados Unidos?	La Corte Suprema de Justicia.	**38. What is the highest court in the United States?**	The Supreme Court.

39. ¿Cuántos jueces tiene la Corte Suprema de Justicia?	(9) Nueve.	**39. How many justices are on the Supreme Court?**	Nine (9).
La Constitución no establece el número de jueces que debe haber en la Corte Suprema. En el pasado, ha habido un máximo de diez y un mínimo de seis. En la actualidad hay nueve jueces en la Corte Suprema: ocho jueces asociados y un jefe de la Corte Suprema. La Constitución le da al presidente el poder de nominar a los jueces para la Corte Suprema.		The Constitution does not establish the number of justices on the Supreme Court. In the past, there have been as many as 10 and as few as six justices. Now, there are nine justices on the Supreme Court: eight associate justices and one chief justice. The Constitution gives the president the power to nominate justices to the Supreme Court.	

<table>
<tr><td>40. ¿Quién es el jefe de la Corte Suprema de Justicia de Estados Unidos?</td><td>John Roberts (John G. Roberts, Jr.).</td><td>40. Who is the Chief Justice of the United States now?</td><td>John Roberts (John G. Roberts, Jr.).</td></tr>
<tr><td colspan="2">John G. Roberts, Jr. es el décimo séptimo jefe de la Corte Suprema de Justicia de Estados Unidos. Después de la muerte de William Rehnquist en septiembre de 2005, el Presidente George W. Bush nominó a Roberts para el puesto. El Juez Roberts tomó el cargo a los 50 años de edad.</td><td colspan="2">John G. Roberts, Jr. is the 17th chief justice of the United States. After the death of former chief justice William Rehnquist in September 2005, President George W. Bush nominated Roberts for this position. Judge Roberts became chief justice when he was 50.</td></tr>
</table>

41. Bajo nuestra Constitución, algunos poderes sólo pueden ser atribuidos por el gobierno federal. Mencione uno de esos poderes.	Declarar una guerra; Imprimir dinero; Crear una armada; Hacer tratados.	**41. Under our Constitution, some powers belong to the federal government. What is one power of the federal government?**	To print money, to declare war; to create an army; to make treaties.
42. Bajo nuestra Constitución, algunos poderes pertenecen a los	Proveer escuelas y educación; Proveer protección (policía); Proveer	**42. Under our Constitution, some powers belong to the states.**	Provide schooling and education; Provide protection (police);

estados. ¿Qué es una cosa que sólo un gobierno estatal puede hacer?	seguridad (departamento de bomberos); Extender una licencia de conducir; Aprobar el uso y repartición de la tierra.	**What is one power of the states?**	Provide safety (fire departments); Give a driver's license; Approve zoning and land use.
43. ¿Quién es el Gobernador de su estado?	Las respuestas pueden variar. El Distrito de Columbia y residentes del Territorio de Estados Unidos pueden responder que ellos no tienen un	**43. Who is the Governor of your state now?**	Answers will vary. [District of Columbia residents should answer that D.C. does not have a Governor.] To learn the name of the

gobernador o que no viven en un estado; mencionar el gobernador del territorio de Guam es aceptable).		governor of your state or territory, go to www.usa.gov.	
44. ¿Cuál es la capital de su estado?	Las respuestas pueden variar. (Los residentes del Distrito de Columbia pueden responder que D.C. no es un estado y que no tiene capital).	**44. What is the capital of your state?**	Answers will vary. [District of Columbia residents should answer that D.C. is not a state and does not have a capital. Residents of U.S. territories should name the capital of the territory.] To learn the capital of your state or territory, go to www.usa.gov. Each state or territory has its

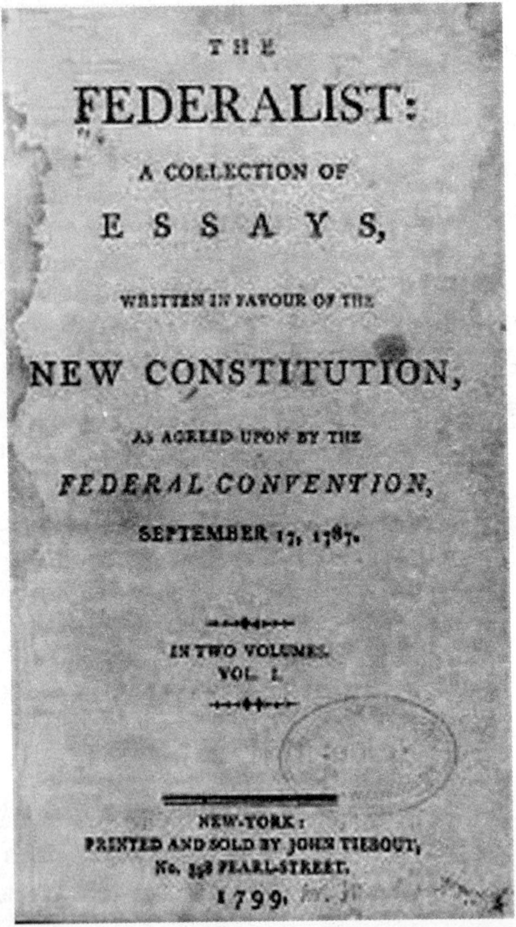

THE

FEDERALIST:

A COLLECTION OF

ESSAYS,

WRITTEN IN FAVOUR OF THE

NEW CONSTITUTION,

AS AGREED UPON BY THE

FEDERAL CONVENTION,

SEPTEMBER 17, 1787.

IN TWO VOLUMES.
VOL. I.

NEW-YORK:
PRINTED AND SOLD BY JOHN TIEBOUT,
No. 358 PEARL-STREET.
1799.

		own capital. The state capital is where the state government conducts its business.

State Capitals

Alabama - Montgomery	Kentucky - Frankfort
Alaska - Juneau	Louisiana - Baton Rouge
Arizona - Phoenix	Maine - Augusta
Arkansas - Little Rock	Maryland - Annapolis
California - Sacramento	Massachusetts - Boston
Colorado - Denver	Michigan - Lansing
Connecticut - Hartford	Minnesota - St. Paul
Delaware - Dover	Mississippi - Jackson
Florida - Tallahassee	Missouri - Jefferson City
Georgia - Atlanta	Montana - Helena
Hawaii - Honolulu	Nebraska - Lincoln
Idaho - Boise	Nevada - Carson City
Illinois - Springfield	New Hampshire - Concord
Indiana - Indianapolis	New Jersey - Trenton
Iowa - Des Moines	New Mexico - Santa Fe
Kansas - Topeka	New York - Albany

<table>
<tr><td colspan="2">North Carolina - Raleigh
North Dakota - Bismarck
Ohio - Columbus
Oklahoma-Oklahoma City
Oregon - Salem
Pennsylvania - Harrisburg
Rhode Island -
Providence
South Carolina -
Columbia</td><td colspan="2">South Dakota - Pierre
Tennessee - Nashville
Texas - Austin
Utah - Salt Lake City
Vermont - Montpelier
Virginia - Richmond
Washington - Olympia
West Virginia - Charleston
Wisconsin - Madison
Wyoming - Cheyenne</td></tr>
<tr><td>45. En la actualidad, ¿cuáles son los dos principales partidos políticos en Estados Unidos?</td><td>Demócrata y Republicano.</td><td>45. What are the two major political parties in the United States?</td><td>Democratic and Republican.</td></tr>
</table>

46. ¿Cuál es el partido político del actual presidente?	Partido Demócrata.	**46. What is the political party of the President now?**	Democratic (Party).
Los dos partidos políticos que hay en Estados Unidos actualmente son el Partido Demócrata y el Partido Republicano. El presidente actual, Barack Obama, es miembro del Partido Demócrata. Otros presidentes Demócratas notables fueron Woodrow Wilson, Franklin D. Roosevelt, Harry Truman, John F. Kennedy, Lyndon B. Johnson, Jimmy Carter, y William "Bill" Clinton. Algunos presiden-		The two major political parties in the United States today are the Democratic and Republican parties. The current president, Barack Obama, is a member of the Democratic Party. Other notable Democratic presidents include Woodrow Wilson, Franklin D. Roosevelt, Harry Truman, John F. Kennedy, Lyndon B. Johnson, Jimmy Carter, and William "Bill" Clinton. Notable Republican	

<table>
<tr><td colspan="2">tes Republicanos fueron Abraham Lincoln, Theodore Roosevelt, Warren Harding, Herbert Hoover, Dwight Eisenhower, Ronald Reagan y George H. W. Bush.</td><td colspan="2">presidents include Abraham Lincoln, Theodore Roosevelt, Warren Harding, Herbert Hoover, Dwight Eisenhower, Ronald Reagan, and George H. W. Bush.</td></tr>
<tr><td>47. ¿Cuál es el nombre del Presidente de la Cámara de Representantes.</td><td>(John) Boehner.</td><td>47. What is the name of the Speaker of the House of Representatives now?</td><td>(John) Boehner.</td></tr>
<tr><td colspan="4">C: Derechos y Responsabilidades—
Rights and Responsibilities</td></tr>
<tr><td>48. En la Constitución hay</td><td>Cualquier ciudadano mayor de</td><td>48. There are four amend-</td><td>Citizens eighteen (18) and</td></tr>
</table>

cuatro enmiendas sobre quién puede votar. Describa uno de ellos.	18 años puede votar. Un ciudadano de cualquier raza puede votar. Cualquier hombre o mujer ciudadano puede votar. Usted no debe pagar para votar (usted no debe pagar por ejercer su voto).	**ments to the Constitution about who can vote. Describe one of them.**	older (can vote). You don't have to pay (a poll tax) to vote. Any citizen can vote. Women and men can vote. A male citizen of any race (can vote).
49. Nombre una responsabilidad que le corresponda sólo a los ciudadanos de los Estados Unidos.	Votar. Servir en un jurado.	**49. What is one responsibility that is only for United States citizens?**	Vote in a federal election. Serve on a jury.

50. Nombre dos derechos que sean sólo para los ciudadanos de los Estados Unidos.	El derecho a votar. El derecho a ser elegido.	**50. Name one right only for United States citizens.**	Vote in a federal election. Run for federal office.
51. Nombre dos derechos para cualquiera que vive en los Estados Unidos.	Libertad de expresión, Libertad de hablar, Libertad de reunirse (Assembly). Libertad de apelar al gobierno (protesta). Libertad de cultos. El derecho a portar armas.	**51. What are two rights of everyone living in the United States?**	Freedom of expression; freedom of speech; freedom of assembly; freedom to petition the government; freedom of worship the right to bear arms;

52. ¿A qué le mostramos lealtad cuando decimos la "Pledge of Allegiance"	A la bandera. A Estados Unidos.	**52. What do we show loyalty to when we say the Pledge of Allegiance?**	The flag; The United States.
53. Nombre una promesa que usted hace cuando se convierte en ciudadano de Estados Unidos.	Dejar a un lado la lealtad a otros países (dejar a un lado la lealtad a mi anterior país). Defender la Constitución y las leyes de los Estados Unidos. Obedecer las	**53. What is one promise you make when you become a United States citizen?**	Give up loyalty to other countries. Defend the Constitution and laws of the United States. Obey the laws of the United States.

	leyes de los Estados Unidos. Servir en el ejército de los Estados Unidos si es necesario (luchar por los Estados Unidos). Servir a la nación si es necesario (hacer un trabajo importante para los Estados Unidos). Ser leal a los Estados Unidos.		Serve in the U.S. military (if needed). Serve (do important work for) the nation (if needed). Be loyal to the United States.
54. ¿Qué edad debe tener un ciudadano para votar en una elección presidencial?	Ciudadanos mayores de 18 años. Los ciudadanos registrados mayores de 18 años.	**54. How old do citizens have to be to vote for President?**	Eighteen (18) and older.

55. Mencione dos formas en las que los Americanos pueden participar en su democracia.	Votar. Pertenecer a un partido político. Colaborar en una campaña. Pertenecer a un grupo cívico. Pertenecer a un grupo comunitario. Decirle a un oficial electo su opinión sobre algún asunto. Llamar a sus Senadores o Representantes. Apoyar públicamente u oponerse a un asunto o política. Escribir en un periódico Lanzarse como candidato.	**55. What are two ways that Americans can participate in their democracy?**	Vote. Join a political party. Help with a campaign. Join a civic group. Join a community group. Give an elected official your opinion on an issue. Call Senators and Representatives. Publicly support or oppose an issue or policy. Run for office write to a newspaper.

56. ¿Cuándo es el último día para enviar sus formularios de impuestos federales?	15 de abril de cada año.	**56. When is the last day you can send in federal income tax forms?**	April 15.
Service		***Servicio***	
57. ¿En qué momento los hombres deben registrarse en el Servicio Selectivo?	Cuando cumplen 18 años. Entre los 18 y los 26 años.	**57. When must all men register for the Selective.**	At age eighteen (18). Between eighteen (18) and twenty-six (26).

HISTORIA DE ESTADOS UNIDOS A. Periodo Colonial e Independencia.		***AMERICAN HISTORY*** A: Colonial Period and Independence.	
58. Mencione una razón por la que los colonos vinieron a América.	Libertad. Libertad política. Libertad religiosa. Oportunidades económicas. Para practicar su religión. Para escapar de persecuciones.	**58. What is one reason colonists came to America?**	Freedom. Political liberty. Religious freedom. Economic opportunity. Practice their religion. Escape persecution.

59. ¿Quiénes vivían en América antes de la llegada de los europeos?	Indios americanos. Los Nativos Americanos.	**59. Who lived in America before the Europeans arrived?**	American Indians. Native Americans.
Las grandes tribus de indios americanos como los Sioux, Cherokee, e Iroqueses vivían en América cuando llegaron los Peregrinos. Los Peregrinos se establecieron en una zona donde vivía una tribu llamada Wampanoag. Los Wampanoag les enseñaron habilidades importantes, como diferentes métodos de agricultura, cultivar maíz, frijol y calabacitas.		Great American Indian tribes such as the Navajo, Sioux, Cherokee, and Iroquois lived in America at the time the Pilgrims arrived. The Pilgrims settled in an area where a tribe called the Wampanoag lived. The Wampanoag taught the Pilgrims important skills, such as how to farm with different methods and how to grow crops such as corn, beans, and squash.	

60. ¿Qué grupo de personas fue traído a América y vendido como esclavos?	Africanos. Personas de África.	**60. What group of people was taken to America and sold as slaves?**	Africans; people from Africa.
61. ¿Por qué los colonos estaban molestos y pelearon con el gobierno británico?	Debían pagar impuestos altos y no tenían ninguna representación. El ejército británico se quedaba en sus casas. Acciones intolerables.	**61. Why did the colonists fight the British?**	Because of high taxes (taxation without representation). Because the British army stayed in their houses (boarding, quartering). Because they didn't have self-government. The American colonists'

		anger had been growing for years before the Revolutionary War began in 1775. The decision to separate from the British was not an easy choice for many colonists.	
62. ¿Quién escribió la Declaración de Independencia?	Thomas Jefferson.	**62. Who wrote the Declaration of Independence?**	Thomas Jefferson.
63. ¿Cuándo se adoptó la Declara-	4 de julio de 1776.	**63. When was the Declaration of Indepen-**	July 4, 1776.

ción de Indepen- dencia?		**dence adopted?**	
64. Nombre 3 de los 13 estados originales.		**64. There were 13 original states. Name three.**	Connec- ticut, Delaware, Georgia, Maryland, Massa- chussets, New Hampshire, New Jersey, New York, North Carolina, Pennsylvania, Rhode Island, South Carolina, Virginia.

65. ¿Qué pasó en la Constitutional Convention?	Fue escrita la Constitución. Los Padres Fundadores escribieron la Constitución.	**65. What happened at the Constitutional Convention?**	The Constitution was written. The Founding Fathers wrote the Constitution.
66. ¿Cuándo se hizo la trascripción de la Constitución?	1787.	**66. When was the Constitution written?**	1787.
67. Mencione uno de los escritores de los		**67. The Federalist Papers supported**	(James) Madison, (Alexander) Hamilton,

"Federalist Papers".		**the passage of the U.S. Constitution. Name one of the writers.**	(John) Jay Publius.
Los "Federalist Papers" fueron 85 ensayos que se publicaron en los periódicos cuando el estado de Nueva York estaba decidiendo si apoyaba o no la Constitución de Estados Unidos.		The Federalist Papers were 85 essays that were printed in New York newspapers while New York State was deciding whether or not to support the U.S. Constitution.	
68. Nombre una cosa por la que Benjamín	Diplomático de Estados Unidos. El miembro más antiguo	**68. What is one thing Benjamin Franklin is**	U.S. diplomat, Oldest member of the

Franklin es famoso.	de la Convención Constitucional.	**famous for?**	Constitutional Convention
Primer Postmaster General de los Estados Unidos. Escritor de *Poor Richard´s Almanac.*		First Postmaster General of the United States. Writer of Poor Richard's Almanac Started the first free libraries.	
69. ¿A quién se le llama "Padre de la Patria"?	George Washington.	**69. Who is the "Father of Our Country"?**	*(George) Washington*
A George Washington se la llama Padre de la Patria. Fue el primer presidente de Estados Unidos. Antes de eso fue un		George Washington is called the Father of Our Country. He was the first American president. Before that, he was a	

valiente general que llevó al Ejército Continental a triunfar contra Gran Bretaña durante la Guerra de Independencia.		brave general who led the Continental Army to victory over Great Britain during the American Revolutionary War.	
70. ¿Quién fue el primer Presidente?	George Washington.	**70. Who was the first President?**	(George) Washington.
B: Siglo XIX		B: 1800s	
71. ¿Qué territorio compró Estados Unidos a los franceses en 1803?	El territorio de Lousiana.	**71. What territory did the United States buy from France in 1803?**	The Louisiana Territory.

<table>
<tr><td colspan="2">El territorio de Louisiana era un área de 828 millas cuadradas al oeste del Río Mississippi. En 1803, Estados Unidos le compró el Territorio de Louisiana a Francia por 15 millones de dólares. El Tratado de la Compra de Louisiana se firmó en París el 30 de abril de 1803.</td><td colspan="2">The Louisiana Territory was a large area west of the Mississippi River. It was 828,000 square miles. In 1803, the United States bought the Louisiana Territory from France for $15 million. The Louisiana Purchase Treaty was signed in Paris on April 30, 1803.</td></tr>
<tr><td>72. Mencione una guerra en la que Estados Unidos luchó en el siglo XIX.</td><td>Guerra de 1812.
Guerra contra México.
Guerra Civil.
Guerra contra España.</td><td>72. Name one war fought by the United States in the 1800s.</td><td>War of 1812.
Mexican-American War.
Civil War.
Spanish-American War.</td></tr>
</table>

73. ¿Qué nombre se le dio a la guerra entre los estados del Norte y del Sur?	*La Guerra Civil.*	**73. Name the U.S. war between the North and the Sur.**	The Civil War, the War between the States.
74. Mencione un problema que propicio la Guerra Civil.	Esclavitud. Razones económicas. Derechos de los estados.	**74. Name one problem that led to the Civil War.**	Slavery; economic reasons; states' rights.
75. Mencione una de las cosas que hizo Abraham Lincoln.	Preservó la Unión. Liberó a los esclavos. Dirigió a Estados	**75. What was one important thing that Abraham**	Freed the slaves (emancipation; proclamation).

<table>
<tr><td></td><td>Unidos durante la Guerra Civil</td><td>Lincoln did?</td><td>Saved (or preserved) the Union. Led the United States during the Civil War.</td></tr>
<tr><td colspan="2">Abraham Lincoln fue presidente de Estados Unidos de 1861 a 1865, y fue el jefe de la nación durante la Guerra Civil. Lincoln pensaba que la separación de los estados del sur (La Confederación) era anticonstitucional, y deseaba preservar la Unión. En 1863 dio a conocer la Proclamación de Emancipación. Declaraba</td><td colspan="2">Abraham Lincoln was president of the United States from 1861 to 1865, and led the nation during the Civil War. Lincoln thought the separation of the southern (Confederate) states was unconstitutional, and he wanted to preserve the Union. In 1863, during the Civil War, he issued the Emancipation Proclamation. It declared</td></tr>
</table>

<table>
<tr><td colspan="2">que los esclavos que vivían en los estados Confederados quedaban liberados de por vida. Lincoln también es famoso por su “Discurso de Gettysburg, Pensilvania, en noviembre de 1863.</td><td colspan="2">that the slaves who lived in the rebelling Confederate states were forever free. Lincoln is also famous for his “Gettysburg Address.” He gave that speech at Gettysburg, Pennsylvania, in November 1863.</td></tr>
<tr><td>76. ¿Qué hizo la Emancipation Proclamation?</td><td>Liberó a los esclavos de la Confederación.
Liberó a los esclavos de los estados confederados.</td><td>76. What did the Emancipation Proclamation do?</td><td>Freed the slaves.
Freed slaves in the Confederacy.
Freed slaves in the Confederate states.</td></tr>
<tr><td colspan="2">Liberó a los esclavos en la mayoría de los estados del sur.</td><td colspan="2">Freed slaves in most Southern states.</td></tr>
</table>

77. ¿Qué hizo Susan B. Anthony?	Luchó por los derechos de las mujeres.	**77. What did Susan B. Anthony do?**	Fought for women's rights; fought for civil rights.
C. Historia reciente de Estados Unidos e información histórica adicional.		C: Recent American History and Other Important Historical Information.	
78. Mencione una guerra en la que participó Estados Unidos en el siglo XX.	Primera Guerra Mundial. Segunda Guerra Mundial. Guerra en Corea. Guerra de Vietnam. Guerra del Golfo o Guerra del Golfo Pérsico	**78. Name one war fought by the United States in the 1900s.**	World War I. World War II. Korean War. Vietnam War. (Persian) Gulf War.

<table>
<tr><td>79. ¿Quién fue el Presidente durante la Primera Guerra Mundial?</td><td>Woodrow Wilson.</td><td>79. Who was President during World War I?</td><td>(Woodrow) Wilson.</td></tr>
<tr><td>80. ¿Quién era el Presidente durante la Gran Depresión y la Segunda Guerra Mundial?</td><td>Franklin Delano Roosevelt.</td><td>80. Who was President during the Great Depression and World War II?</td><td>(Franklin) Roosevelt.</td></tr>
<tr><td colspan="2">Franklin Delano Roosevelt (FDR) fue presidente de Estados Unidos de 1933 a 1945. Fue elegido durante</td><td colspan="2">Franklin Delano Roosevelt (FDR) was president of the United States from 1933 until 1945. He was</td></tr>
</table>

la Gran Depresión, un periodo de crisis económica después de la caída de la bolsa de valores en 1929. Su programa para resolver la crisis se llamó "el Nuevo Trato". Incluyó programas para crear empleos y proporcionar beneficios y seguridad económica a los trabajadores de todo el país.		elected during the Great Depression, which was a period of economic crisis after the stock market crash of 1929. His program for handling the crisis was called "the New Deal". It included programs to create jobs and provided benefits and financial security for workers across the country.	
81. ¿Contra quién luchó Estados Unidos durante la Segunda Guerra mundial?	Italia, Japón y Alemania.	**81. Who did the United States fight in World War II?**	Japan, Germany, and Italy.

Los japoneses bombardearon las bases navales de Estados Unidos en un ataque sorpresa contra Pearl Harbor, Hawái, el 7 de diciembre de 1941. Al día siguiente, el Presidente Franklin D. Roosevelt, como comandante en jefe de la milicia, logró que el Congreso declarara oficialmente la guerra. Los compañeros de Japón en el Eje, Italia y Alemania, declararon la guerra contra Estados Unidos. Los Aliados lucharon contra los nazis alemanes, los fascistas italianos y el imperio militar de Japón.	The Japanese bombed U.S. naval bases in a surprise attack on Pearl Harbor, Hawaii, on December 7, 1941. The next day, President Franklin D. Roosevelt, as commander in chief of the military, obtained an official declaration of war from Congress. Japan's partners in the Axis, Italy and Germany, then declared war on the United States. The Allies fought against the German Nazis, the Italian Fascists, and Japan's military empire.

82. Antes de ser presidente Eisenhower era general. ¿En qué guerra participó?	Segunda Guerra Mundial.	**82. Before he was President, Eisenhower was a general. What war was he in?**	World War II.
83. ¿Cuál era la principal preocupación de Estados Unidos durante la Guerra Fría?	La propagación del comunismo. La Unión Soviética.	**83. During the Cold War, what was the main concern of the United States?**	The spread of communism; the Soviet Union.

84. ¿Qué movimiento trató de poner fin a la discriminación racial?	El movimiento de las derechos civiles.	**84. What movement tried to end racial discrimination?**	Civil rights (movement).
85. ¿Qué hizo Martin Luther King, Jr.?	Luchó por los derechos civiles. Trabajó por la igualdad para todos los Americanos.	**85. What did Martin Luther King, Jr. do?**	Fought for civil rights; worked for equality for all Americans.
Martin Luther King, Jr. era un ministro bautista y un líder a favor de los derechos civiles. Trabajó mucho para que Estados		Martin Luther King, Jr. was a Baptist minister and civil rights leader. He worked hard to make America a more	

Unidos fuera una nación más justa y tolerante.		fair, tolerant, and equal nation.	
86. ¿Qué suceso importante ocurrió el 11 de septiembre de 2001 en Estados Unidos?	Terroristas atacaron los Estados Unidos.	**86. What major event happened on September 11, 2001, in the United States?**	Terrorists attacked the United States.
El 11 de septiembre de 2001, cuatro aviones que estaban a punto de salir de aeropuertos en Estados Unidos fueron tomados por terroristas de la red Al-Qaeda de extremistas islámicos. Dos de los aviones se estrellaron contra las Torres Gemelas en la Ciu-		On September 11, 2001, four airplanes flying out of U.S. airports were taken over by terrorists from the Al-Qaeda network of Islamic extremists. Two of the planes crashed into the World Trade Center's Twin Towers in New York City, destroying both buildings.	

dad de Nueva York, destruyendo ambos edificios. Uno de los aviones se estrelló contra el Pentágono en Arlington, Virginia. El cuarto avión, que originalmente se dirigía a Washington, D. C. se estrelló en un campo de Pensilvania. Casi 3,000 personas murieron en los ataques, casi todos civiles. Éste fue el peor ataque contra el territorio estadounidense en la historia de la nación.		One of the planes crashed into the Pentagon in Arlington, Virginia. The fourth plane, originally aimed at Washington, D.C., crashed in a field in Pennsylvania. Almost 3,000 people died in these attacks, most of them civilians. This was the worst attack on American soil in the history of the nation.	
87. Nombre una de las principales tribus americanas en		**87. Name one American Indian tribe in the United States.**	Cherokee Seminales Creek Choctaw Arawak iroquois

los Estados Unidos.			Shawnee Mohegan Chippewa Huron Oneida Sioux Cheyenne Lakotas Crows Blackfeet Teton Navajo Apaches Pueblo Hopi Inuit
A: Geografía		**A: Geography**	
88. Nombre uno de los dos ríos	Mississippi Missouri	**88. Name one of the two longest**	Mississippi Missouri.

más largos de Estados Unidos.		**rivers in the United States.**	
89. ¿Qué océano está en la Costa Oeste de Estados Unidos?	**Pacífico.**	**89. What ocean is on the West Coast of the United States?**	Pacific (Ocean).
90. ¿Qué océano está en la Costa Este de Estados Unidos?	**Atlántico.**	**90. What ocean is on the East Coast of the United States?**	Atlantic (Ocean).
91. Nombre un territorio Americano.	Samoa Americana, The Com-	**91. Name one U.S. territory.**	Puerto Rico, U.S. Virgin Islands,

	monwealth of Northern Mariana Islands, Guam, Puerto Rico, Islas Vírgenes Americanas.		American Samoa, Northern Mariana Islands, Guam.
92. Mencione un estado que tenga frontera con Canadá.		**92. Name one state that borders Canada.**	Alaska Idaho Maine Michigan Minnesota Montana New Hampshire New York North Dakota Ohio Pennsylvania Vermont Washington

93. Nombre un estado que tenga frontera con México.		**93. Name one state that borders Mexico.**	Arizona California New Mexico Texas.
94. ¿Cuál es la capital de Estados Unidos?	Washington, D.C.	**94. What is the capital of the United States?**	Washington, D.C.
95. ¿Dónde está la Estatua de la Libertad?	En el Puerto de Nueva York. En la Isla de la Libertad. Nueva Jersey, cerca de la ciudad	**95. Where is the Statue of Liberty?**	New York (Harbor). Liberty Island. [Also acceptable are New Jersey, near New

	de Nueva York. En el Río Hudson.		York City, and on the Hudson (River).]
La Estatua de la Libertad está en la Isla de la Libertad, una isla de 12 acres en el Puerto de Nueva York. Francia le dio esta estatua a Estados Unidos como un regalo de amistad.		The Statue of Liberty is on Liberty Island, a 12-acre island in the New York harbor. France gave the statue to the United States as a gift of friendship.	
B. Símbolos		B: Symbols	
96. ¿Por qué la bandera tiene 13 franjas?	Porque eran 13 las colonias originales. Porque representan	**96. Why does the flag have 13 stripes?**	Because there were 13 original colonies; because

	las colonias originales.		the stripes represent the original colonies.
97. ¿Por qué la bandera tiene 50 estrellas?	Hay una estrella por cada estado. Cada estrella representa a un estado. Hay 50 estados.	**97. Why does the flag have 50 stars?**	Because there is one star for each state Because each star represents a state Because there are 50 states.

98. ¿Cuál es el nombre del himno nacional?	The Star-Spangled Banner [La Bandera Adornada con Estrellas]	**98. What is the name of the national anthem?**	The Star-Spangled Banner.
99. ¿Cuándo celebramos el Día de la Independencia?	El 4 de julio.	**99. When do we celebrate. Independence Day?**	July 4.
100. Mencione dos días de fiesta en Estados Unidos.	Año Nuevo. Día de Martin Luther King. Día de los Presidentes. Día de Re-	**100. Name two national U.S. holidays.**	New Year's. Day Martin Luther King, Jr. Day Presidents'. Day Me-

	cordación. Día de la Independencia. Día del Trabajador. Día de Cristóbal Colón. Día de los Veteranos. Día de Acción de Gracias. Navidad.		morial. Day Independence. Day Labor. Day Columbus. Day Veterans. Day Thanksgiving. Christmas.

Reading Vocabulary		**Vocabulario para la prueba de lectura**
People		**Personas**
Abraham Lincoln	Elbrajam LILkoln	
George Washington	**Yory** UAshington	
civics		**civismo**
American flag	aMErikan flag	Bandera Americana
Bill of Rights	Bil *ov* raits	Declaración de derechos
capital	KApital	Capital
citizen	SItisen	ciudadano
city	SIti	ciudad
Congress	KONgres	Congreso
country	KONtri	país
Father of Our Country	FAdr ov aur KONtri	Padre de nuestro país
government	GOvrnment	gobierno

President	PREsident	presidente
right	rait	derecho
Senators	SENatrs	senadores
state/states	steit	estado
White House	*j*uait *j*aus	Casa Blanca
places		**Lugares**
America	aMErica	América
United States	iuNAItid steits	Estados Unidos
U.S.	iu es	U.S.
holidays		**Fiestas**
Presidents' Day	PREsidents dei	Día del presidente
Memorial Day	meMOrial dei	Día para recordar a los caídos en la guerra
Flag Day	flag dei	Día de la bandera
Independence Day	indePENdens dei	Día de la Independencia
Labor Day	LEIbr dei	Día del Trabajo

Columbus Day	keLEMbes dei	Día de Colón
Thanksgiving	zanks giving	Día de Acción de Gracias
Question words		**Palabras para hacer preguntas**
How	*j*au	cómo
What	*j*uat	qué
When	*j*uen	cuándo
Where	*j*uer	dónde
Who	*j*u	quién
Why	*j*uai	por qué
verbs		**Verbos**
can	kan	poder
come	kem	venir
do/does	du/des	hacer
elects	eLEKTS	elegir
have/has	*jav*/*jas*	tener
is/are/was/be	is /ar/uas/bi	ser
lives/lived	livs/livd	vivir

meet	mit	conocer - encontrarse
name	neim	nombrar
pay	pei	pagar
vote	vout	votar
want	uant	querer
other(function)		**Otras palabras (function)**
a	e	un, una
for	for	para
here	*jir*	aquí
in	in	en
of	*ov*	de
on	on	en - sobre
the	de/di	el, la, los, las
to	tu	para
we	ui	nosotros

other(Content)	Otras palabras (contenido)	
colors	KOlrs	colores
dollar bill	DOlr bil	billete de un dólar
first	ferst	primero
largest	LAR**y**est	más grande
many	meni	muchos, muchas
most	moust	más
north	norz	norte
one	uan	uno
people	PIpl	gente
second	SEkond	segundo
south	sauz	sur